EXPOSITION

DES

PEINTURES ET DESSINS

DE H. DAUMIER

Galeries Durand-Ruel

rue Le Peletier, 11

NOTICE BIOGRAPHIQUE

PAR

CHAMPFLEURY

PARIS

GAUTHIER-VILLARS, IMPRIMEUR-LIBRAIRE

DU BUREAU DES LONGITUDES ET DE L'OBSERVATOIRE

55, quai des Grands-Augustins

1878

EXPOSITION

DES PEINTURES ET DESSINS

DE H. DAUMIER

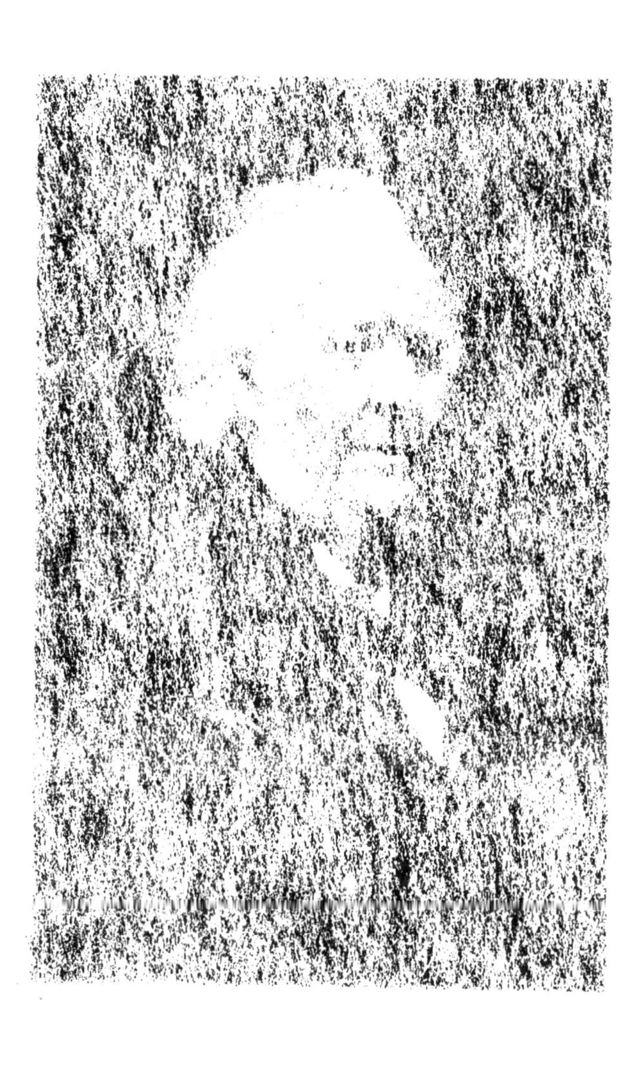

EXPOSITION

DES

PEINTURES ET DESSINS

DE H. DAUMIER

Galeries Durand-Ruel

rue Le Peletier, 11

NOTICE BIOGRAPHIQUE

PAR

CHAMPFLEURY

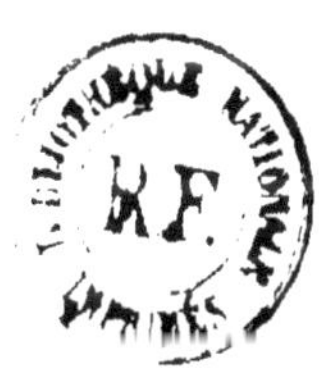

PARIS

GAUTHIER-VILLARS, IMPRIMEUR-LIBRAIRE

DU BUREAU DES LONGITUDES ET DE L'OBSERVATOIRE

55, quai des Grands-Augustins

1878

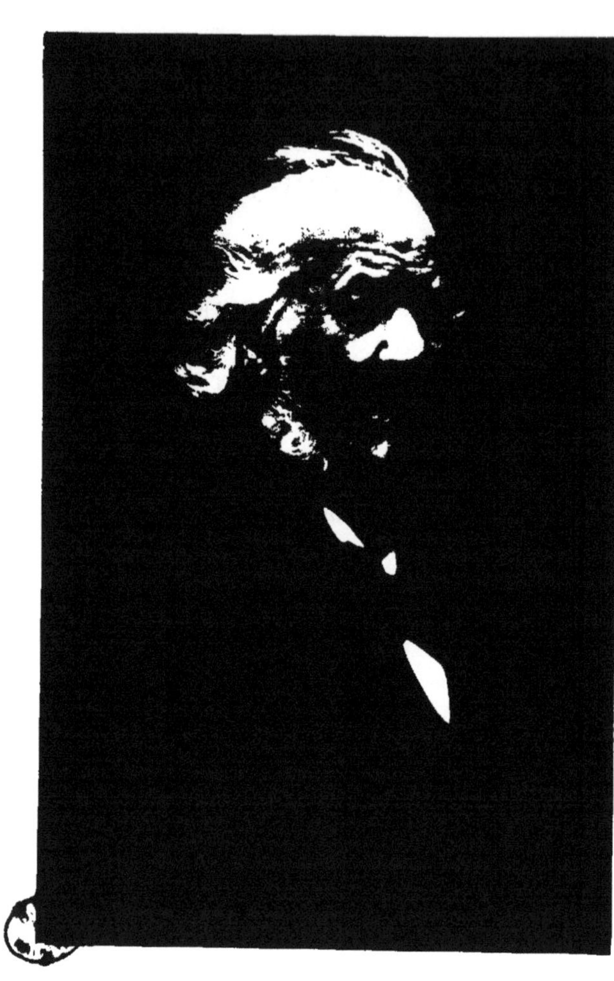

COMITÉ DE L'EXPOSITION

Président d'honneur :

M. VICTOR HUGO.

Vice-Présidents :

MM. CORBON.
HENRI MARTIN.
PEYRAT.

Membres du Comité :

MM. THÉODORE DE BANVILLE.
BÉGUIN.
BONVIN.
BOULARD.
AUGUSTE BOULARD.
BRAME.
PHILIPPE BURTY.
CLÉMENT CARAGUEL.
CHAMPFLEURY.

MM. CASTAGNARY.
JULES CLARETIE.
DAUBIGNY.
KARL DAUBIGNY.
JULES DUPRÉ.
GEOFFROY-DECHAUME.
ADOLPHE GEOFFROY.
EMILE DE GIRARDIN.
LEMAIRE.
ERNEST MAINDRON.
PAUL MANTZ.
ANTONY MÉRAY.
EUGÈNE MESPLÈS.
PAUL MEURICE.
NADAR.
CAMILLE PELLETAN.
PAUL DE SAINT VICTOR.
STEINHEIL.
ADOLPHE STEINHEIL.
AUGUSTE VACQUERIE.
PIERRE VÉRON.

HONORÉ DAUMIER [1]

I

En 1814 vivait à Marseille un brave vitrier qui cultivait la poésie à ses heures de loisir. Cherchant à se créer une instruction et lisant tout livre qui lui tombait sous la main, le

(1) M. Champfleury, dans son *Histoire de la Caricature moderne*, a donné une étude beaucoup plus développée de l'œuvre de Daumier et du milieu dans lequel elle se produisit; le Comité de l'Exposition actuelle a demandé à l'historien de la Caricature une réduction de ce travail et c'est à titre de documents analytiques qu'est offerte au public l'appréciation de l'œuvre satirique de Daumier qui, exposée actuellement, sera renouvelée de huitaine en huitaine.

vitrier, nourri de Jean-Jacques, des traductions de Delille, des tragédies de Racine et des œuvres de Condillac, devait donner au public un volume, les *Veillées poétiques*.

A l'époque où Jean-Baptiste Daumier faisait imprimer son volume de poésies, un jeune garçon, qui de son crayon devait traduire en prose brutale les mœurs contemporaines, cherchait sa voie, publiant chez les marchands d'estampes quelques feuilles timides qui ne font pas pressentir le satirique de 1833. Ce sont des dessins politiques minces et sans portée, des imitations de caricatures en vogue, une main de seconde main, des croquis militaires inspirés de Charlet, des titres de romances, des alphabets pour les enfants.

Des lithographies à la plume sur des sujets de chasse et de pêche font penser aux caricatures anglaises. Certaines planches rappellent les trivialités de Pigal.

La *Revue des Peintres* (Aubert, 1833 à 1835) contient toutefois de douces compositions du satirique.

Daumier songeait déjà à la peinture, et c'est d'après des aquarelles, *la Malade, la Bonne grand-maman*, que furent lithographiées ces œuvres empreintes de tendresse et de bonhomie.

Cependant, si l'on retranche de l'œuvre une trentaine de compositions, Daumier fut prompt à trouver son génie. Il le renforça, l'agrandit, fit plus tard de son crayon un instrument fantastique, se montra vite primesautier et ne s'endormit pas dans la quiétude d'un succès facilement trouvé.

Tout d'abord *la Caricature* publia, sous le titre de *Masques de* 1831, une grande planche, premier essai satirique d'après la plupart des hommes politiques en vue. Daumier (la planche est signée *Rogelin*) débuta par ces essais de portraits comme un enfant dessine d'après des plâtres antiques. Des masques, il passa aux portraits en buste : *le Charivari* de 1833 en contient qui ne sont pas encore du domaine de la caricature.

Voilà des hommes étudiés de près. Daumier les reprendra en pied, dans leur allure habituelle, allant, venant, les mains dans les poches, avec de gros ventres ; rien ne sera omis des allures des familiers de la cour citoyenne, ni les lunettes, ni les perruques, ni le coton dans les oreilles, ni les traces d'élégance de l'Empire, ni les cheveux ébouriffés, ni les grands faux-cols, portraits plus réels que la plupart de ceux des galeries de Versailles.

Au début Daumier employa un pseudonyme et semble avoir éteint volontairement son crayon (les planches signées *Rogelin* sont d'une faible exécution) pour ne pas attirer l'attention du préfet de police qui avait accordé à l'artiste quelques délais pour se rendre en prison ; mais il arriva qu'un dessin représentant M. Gisquet lavant un drapeau tricolore pour en enlever les couleurs (1) ranima nécessairement les colères du préfet.

On lit dans *la Caricature* du 30 août 1832.

« Au moment où nous écrivions ces lignes on arrêtait, sous les yeux de son père et de sa mère, dont il était le seul soutien, M. Daumier, condamné à six mois de prison pour la caricature du *Gargantua.* »

Il serait difficile de reconnaître dans ce faible essai de *Gargantua* le crayon viril qui allait entrer si profondément dans le moderne. Il s'agit du roi qui avale de gros budgets et des pâtés-dotations que de petits mirmidons habillés en ministres lui font passer.

(1) *Le bleu s'en va, mais ce diable de rouge tient comme du sang*, telle est la légende d'une planche signée *Honoré*, avec ce titre : *Caricature politique*, n° 33.

Quand on regarde les caricatures fielleuses qui ne reculaient à cette date devant aucune audace pour battre en brèche la royauté, on s'étonne qu'une si médiocre composition, qui ne brillait ni par la pensée ni par l'exécution, fût déférée au parquet.

Emprisonné pour cette caricature, ne pouvant faire sortir de sa cellule des pièces satiriques contre le pouvoir, Daumier peignait à l'aquarelle des compositions sous le titre de l'*Imagination*, qu'un autre lithographiait sans rendre la personnalité du maître.

Mais le séjour de Daumier à la prison nous a valu une belle composition : *Souvenir de Sainte-Pélagie* (1). Un jeune républicain lit *la Tribune* à un artiste, qui, debout, l'écoute, tandis qu'entre eux, un vieillard assis, la tête appuyée sur la main, recueille avec une

(1) Deux dessins de différente dimension ont été lithographiés par Daumier.

profonde attention les paroles brûlantes qui s'échappent de la bouche du lecteur.

De cette condamnation, de cet emprisonnement germa sans doute la raillerie persistante des *Gens de justice*, que Daumier étudiait de son banc de prévenu.

La magistrature ne se doute pas quelles rancunes emplissent le cœur de certains prévenus qui savent à peine répondre un mot aux questions du président, écoutent avec stupéfaction les périodes arrondies du ministère public et baissent la tête sous l'arrêt.

Ces brebis ont des révoltes immenses à l'intérieur; elles se soumettent à la force et ne la reconnaissent pas.

Un des plus nets portraits de l'œuvre de Daumier est celui de M. Persil, magistrat sec, froid, anguleux, aux chairs luisantes et blêmes, aux yeux caves.

Le nez est long, droit, mince; les mèches

de cheveux fins et pointus se dressent comme des moustaches de chat aux alentours des yeux; la ligne courbe de favoris soigneusement taillés disparaît dans les profondeurs de la robe.

« M. Persil avait une grande âpreté à la poursuite, à l'accusation et à toute discussion, et cette âpreté se traduisait dans sa voix, qui était sèche, un peu stridente, et qui ne faisait pas mal l'effet d'une scie ébréchée », m'écrivait Sainte-Beuve, alors que je publiais dans une Revue mes premiers essais sur la Caricature moderne (1).

M. Persil fut une puissance; ce n'est plus qu'un masque. Un jeune artiste avec son

(1) Craignant toutefois que sa plume ne parût trop faire corps avec un art satirique un peu violent pour sa nature délicate, Sainte-Beuve ajoutait à sa note sur M. Persil le correctif suivant : « Très-honnête homme d'ailleurs, et ayant sacrifié à son entrée dans la politique son cabinet d'avocat, où il gagnait, avant 1830, plus de cent mille francs par an.

crayon arrive au relief des médailles, et ce crayon, rien ne peut l'effacer. La politique du temps est oubliée, la royauté disparaît, l'homme meurt ; reste une feuille de papier avec un masque de procureur général. Toujours, dans les moments de trouble, la foule veut voir dans l'accusateur public une figure qui ressemble à ce portrait. L'individu s'efface pour faire place à un type.

Une collection intitulée : *Association mensuelle lithographique*, entreprise par Philipon, qui avait pour but par cette publication de venir en aide aux condamnés politiques, permit à Daumier de se montrer hors de page. Nombre de dessinateurs furent appelés à collaborer à cette œuvre ; et c'est en comparant les compositions de Daumier avec celles de ses camarades qu'on peut juger de la rare puissance du maître.

Le jeune artiste fournit cinq grands dessins

qui resteront comme la plus haute expression de la lithographie.

Il fallait un vaste cadre à ce crayon qui s'étale magistralement sur la pierre et la transforme en une fresque satirique.

La belle planche qui, sous le titre de *Ventre législatif*, représente le banc des ministres et les députés conservateurs, j'hésite à la décrire. La satire sous de tels crayons devient de l'histoire, et la plume est faible à côté du crayon. Dans un banc en arc de cercle se tiennent les ministres, M. Guizot et M. Thiers, M. de Broglie, M. d'Argout, M. de Rigny, etc. Au milieu de l'enceinte, accoudé familièrement sur le pupitre des ministres, le maire de Lyon, M. Prunelle, les cheveux emmêlés, les habits fatigués, montre sa familiarité avec les hommes politiques. Derrière les ministres s'étagent en amphithéâtre les gras, étalant leurs ventres dans l'intervalle des bancs.

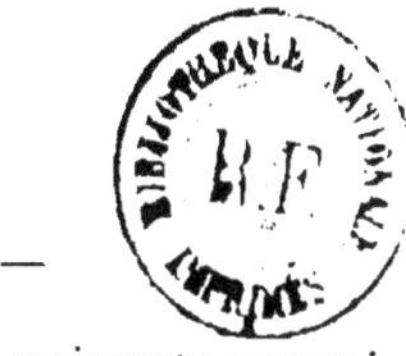

Un homme d'une race puissante apparaissait, doué de la fécondité et de la force comme tous les hommes de génie.

Qu'on s'imagine une assemblée photographiée, mais une photographie interprétée par une âme ardente ! Ce ne sont plus des portraits sur une feuille de papier. Tous ces hommes vivent, remuent, écoutent, regardent comme dans la vie. Le cadre disparaît. C'est un coin de la Chambre avec ses ombres, ses lumières, ses demi-jours, ses transparences.

Une autre planche suivit avec d'autres éclatantes qualités.

Un cortége funèbre se dirige vers les hauteurs du Père-Lachaise. C'est là que le peintre a pu montrer un aspect nouveau : les horizons parisiens, le plein air, la façon dont il comprend la lumière.

Au milieu du cimetière, près d'une tombe, se détache une larmoyante figure de croque-mort, fantastique à force de réalité. Il joint les mains et semble prêt à s'agenouiller devant le corbillard qui passe; mais, sous les crêpes pendants de son chapeau, se dessinent les épais favoris légendaires.

— Enfoncé Lafayette! s'écrie le croque-mort royal.

Comment faire passer sur le papier l'éclatante transparence de cette composition, le mouvement des groupes entourant le corbillard, les tombes étagées sur la colline?

Après une telle page, Daumier eût été placé par l'Angleterre à côté des plus grands maîtres. Nous avons peur en France de la force d'où qu'elle parte, du dramatique ou du comique.

La dernière planche de cette série, d'un dramatique inaccoutumé, a pour titre : *la rue Transnonain;* elle est la plus populaire des œuvres de l'artiste. Chacun se souvient de ce terrible drame. Le mot *Transnonain* en est resté sinistre. L'insurrection partait souvent des petites rues du quartier Saint-Martin habitées par des ouvriers. Un jour d'émeute, les soldats, massacrés dans ce dédale de ruelles, s'élancèrent furieux, grisés par la poudre, dans les maisons, et le massacre commença des faibles et des innocents, des femmes et des enfants.

Les historiens ont décrit cette scène cruelle dans ses horribles détails. Daumier y a vu un entre-sol bas, en désordre, un lit fouillé par des baïonnettes, un sinistre traversin pendant hors du lit et, à terre, morts, une femme, un enfant, un vieillard, un ouvrier à la chemise ensanglantée.

Goya seul, dans ses *Scènes d'invasion*, a pu rendre un si cruel spectacle.

II

Comme les intérêts matériels étaient à cette époque en ébullition, et qu'une fièvre d'entreprises industrielles faisait de Paris une immense rue Quincampoix, Robert Macaire devint la figure symbolique de l'inventeur sans inventions, du fondateur de compagnies sans compagnons, du bailleur de fonds sans caisse, du médecin célèbre sans malades, de l'illustre avocat sans causes, du négociateur de mariages sans dots, etc.

Le drame, la comédie de la première moitié du siècle, ce sont les cent planches de Robert Macaire conçues par Philipon et traduites par Daumier. Il y a là des traits, des observations, des scènes qui en font la véritable histoire des mœurs et des fièvres d'agiotage de l'époque.

Daumier n'est pas resté inférieur au texte. Il a donné à Macaire et à Bertrand la vitalité d'un Oreste et d'un Pylade. Le débraillé succède au distingué, l'élégance aux guenilles. La cravate en ficelles, les habits rapiécetés, les bottes éculées, les chapeaux effondrés, prennent sous son crayon des tournures héroïques. Ces deux bandits, jamais vulgaires, sont les dieux lares du temple de la Bourse, et de hardies conceptions financières se lisent dans les traits de ces personnificateurs des sociétés industrielles de l'époque.

Dans ce drame crayonné, combien le dessinateur a-t-il laissé en arrière les vulgaires comédiens qui faisaient de Bertrand un complice médiocre! Daumier l'a élevé à la hauteur de son patron, et ce lierre dépenaillé arrive quelque fois à faire oublier le chêne qu'il entoure.

Robert Macaire et Bertrand devinrent, en une dualité incessante, la représentation moderne du Mercure des anciens. En eux ils résumèrent l'agent de change emportant la fortune de ses clients; la *hausse* factice et la *baisse* mensongère. Ils furent comme le corbeau sarcastique posé sur le toit du temple de l'argent; tantôt placées par le caricaturiste sur les piédestaux de la Bourse occupés par le Commerce et la Navigation, ces deux statues servirent de patrons aux génies sans scrupules et sans le sou.

Après Frédérick Lemaître, qui avait fait la fortune de cette singulière parodie, Daumier communiqua une nouvelle vie à *Robert Macaire*, dont le nom restera dans l'histoire de la caricature au XIXe siècle.

Ouvriers ardents qui rompent avec toute tradition et n'obéissent qu'à l'inspiration spontanée, Daumier et Frédérick introduisirent la grandeur dans le trivial, et, ramassant dans le ruisseau un type déguenillé, ils l'ennoblirent et le rendirent héroïque.

On pourrait grouper vers le même temps deux séries du maître, *les Bas-bleus* et les *Divorceuses,* qui montrent jusqu'à un certain point la parenté de Daumier avec Molière.

L'ambition de certaines femmes va loin, si considérable que soit leur rôle dans la société. Combien de ces jupons qui, grâce à quelque jeunesse, s'improvisent écrivains, poëtes, romanciers, *penseuses!* Ce sont ces dernières surtout que Daumier a poursuivies de ses satires et qu'il a peintes sans colère, mais sans ménagements.

Bas-bleus humanitaires, dramaturges femelles sifflées à l'Odéon, maigres blondes lisant leurs poésies en petit comité, femmes fortes fumant, malheureuses sans orthographe allant frapper à la porte des éditeurs, mauvaises ménagères négligeant leurs enfants pour s'occuper de questions sociales, forment le grotesque défilé des *Bas-bleus.*

La Révolution de 1848 avait soulevé de graves questions sociales qui, depuis quelques années, occupaient les esprits; et comme certains utopistes, qui prétendaient résoudre ces questions sur l'heure, étaient pour le moins fort aventureux, ce fut autour du drapeau de ceux-là que les femmes « avancées » s'enrôlèrent.

La série des *Divorceuses* de Daumier roule sur le divorce, tel qu'on le comprenait au club des femmes ; à chaque feuille l'*émancipation* du sexe féminin y est prononcée.

Ceux qui reprochent au caricaturiste de ne pas comprendre la femme peuvent jeter un coup d'œil sur la planche n° 2 de cette suite (1848). Dans une lithographie, blonde comme une esquisse de Rubens, une grosse personne coiffée à la chinoise et une femme maigre, aux cheveux en saule pleureur, regardent avec pitié une mère de famille qui fait sauter son enfant sur ses genoux.

— Qu'il y a encore en France des êtres abrupts et arriérés ! s'écrie une des divorceuses ; voilà une femme qui, à l'heure solennelle où nous sommes, s'occupe bêtement de ses enfants !

Rarement Daumier a composé un groupe plus charmant que celui de la mère et de l'enfant. Le drame se passe à la porte d'une petite maison de campagne, et il semble que l'artiste, ayant des arbres à peindre, le jeu du soleil sur les contrevents verts de la façade blanche, ait voulu montrer combien il a le sens du paysage, sens qu'il lui a été rarement permis d'indiquer dans ses satires parisiennes.

Sous le coup des idées générales qui étaient dans l'air, et quoique Daumier n'appartînt que par sa liberté de crayon au courant romantique, le caricaturiste s'empara des faits et gestes des héros de l'antiquité et les cloua dans une série railleuse, l'*Histoire ancienne,* composée à l'envers de l'enseignement de l'École des Beaux-Arts. Le grotesque fut rarement poussé plus loin. Toutes choses que la jeunesse apprenait à respecter dans les écoles furent travesties en crayons bouffons qui amenèrent à Daumier ces admirateurs légers qui, plus tard, devaient faire la fortune d'un *Orphée aux enfers.*

Cette fois, on tint plus compte à l'artiste du grotesque de l'*idée* que de son enveloppe. Le public voulut bien oublier ses fortes qualités et lui pardonner sa hardiesse, eu égard à son persiflage de l'antiquité.

A cette époque, en 1848, Daumier put

croire qu'il échapperait à l'art satirique. Pour certaines natures qui avaient lutté sous Louis-Philippe, les journées de février amenèrent un renouveau qui tira des cris d'enthousiasme du fond de plus d'une poitrine.

Daumier salua l'an premier de la nouvelle ère par une peinture.

Le ministre avait décrété un concours public à l'École des Beaux-Arts, pour une figure symbolique de la République. Ce concours surprit les artistes qui n'y étaient pas préparés; aussi put-on voir des Républiques roses, vertes, jaunes, en robes de soie, en robes de chambre, en habits à ramages, en garde national.

Au milieu de cette exhibition, qui pouvait remarquer une toile simple et sérieuse?

Une femme assise porte deux enfants suspendus à ses mamelles. A ses pieds deux enfants lisent, traduction de la belle devise :

La République nourrit ses enfants et les instruit.

Le peintre de ce symbole était l'homme qui, plein de foi dans la république naissante, avait remisé son crayon railleur.

Il n'obtint pas le prix : il s'appelait *Daumier !*

L'artiste exposa encore au Salon qui suivit une libre interprétation de La Fontaine, *le Meunier, son Fils et l'Ane*, prétexte pour peindre trois joyeuses maritornes, qui s'égosillent de rire à regarder l'âne se prélassant comme un archevêque. Dans cette peinture étaient dénotées clairement les admirations flamandes (flamandes à la Jordaens) du caricaturiste.

A cette époque le maître, préoccupé du grand, esquissait de folles rondes de Silènes et tentait également de vastes compositions religieuses ; mais il était facile de constater les inquiétudes de son pinceau s'épuisant en retouches et retouches inutiles.

Ce ne fut guère qu'en 1860 que le peintre se débarrassa de ces entraves et put rendre la vie contemporaine par de vifs et gais fusains colorés.

III

En quinze ans à peu près, suivant l'événement du jour, Daumier a crayonné, sous le titre d'*Actualités*, une sorte de livre personnel qu'il pourrait appeler son journal. Nouvelles, croquis de la rue, esquisses à la légère, bruits du jour, préoccupations du badaud, jusqu'aux crises politiques qui tiennent en éveil la nation, y sont relatés jour par jour.

C'est une des faces curieuses d'une œuvre

à l'aide de laquelle on reconstituera plus tard les misères de la vie privée et de la vie politique.

Il faut voir apparaître, dans le fonds de quelques dessins de cette série, la République majestueuse et illuminée par un nimbe rayonnant. Traduite dans sa noblesse par une main d'habitude sarcastique, elle fait juger la pureté du moule animique d'où, radieuse, elle s'élance. Pour représenter cette idéale figure, le crayon s'ennoblit, les lignes s'épurent, toute trace grimaçante disparaît, faisant place à la pure fiction rêvée par tant de grands esprits.

C'est dans les *Actualités* qu'il faut suivre la fin misérable de la République. Daumier y a peint en traits ineffaçables les médecins qui s'empressaient autour de la malade, lui tâtaient le pouls, hochaient la tête et donnaient des remèdes impuissants, hostiles ou dangereux.

Dans cette série apparaît la bourgeoisie taquine, inquiète, révolutionnaire, réactionnaire, hardie, peureuse, qui ne savait alors ce qu'elle voulait. Fière d'avoir chassé son roi, elle sent que la République non plus ne sera pas difficile à renverser, et c'est dans ce but qu'elle s'allie avec les partis les plus opposés, cherchant une force quelconque dans un sabre ou dans un goupillon.

Ces oscillations politiques, cette agonie, ce râle de la bourgeoisie, par un suprême effort Daumier les a enregistrés sur la pierre.

On ne saurait juger un artiste sans l'avoir suivi pas à pas dans sa carrière; c'est une longue étude quand on a affaire à un de ces féconds producteurs dont l'imagination travaille comme l'eau d'une fontaine.

Il en est ainsi de Daumier dont j'ai étudié l'œuvre feuille à feuille. Ce grand crayonneur laissera une sorte de panorama satirique de la bourgeoisie pendant la première moitié du XIXe siècle.

Dans cette œuvre défilent les hommes au pouvoir, les magistrats, les industriels et les inventeurs, les hommes et les femmes. C'est en même temps la légende comique de Paris et du Parisien dans ses affaires et ses plaisirs. Et il est utile d'en donner un tableau analytique, car deux volumes suffiraient à peine à cataloguer les *cinq mille* compositions du maître.

ŒUVRE DE DAUMIER DE 1833 A 1871

POLITIQUE.

Actualités. — Idylles parlementaires. — Physionomie de l'assemblée. — Représentants représentés. — Scènes parlementaires. — Souvenirs du Congrès de la Paix.

LA MAGISTRATURE.

Avocats et Plaideurs. — Gens de justice. — Physionomies du Palais de Justice.

LES BOURGEOIS.

Beaux jours de la vie. — Bons bourgeois. — Journée d'un célibataire. — Baigneurs. — Canotiers parisiens.— Croquis équestres. — Comédiens de société. — Croquis dramatiques. — Fluidomanie. — Mœurs conjugales.— Potichomanie.— Types français.— Tout ce qu'on voudra. — Voyage en Chine.

LA PROVINCE.

Les étrangers à Paris. — Provinciaux à Paris. — Scènes de la vie de province.

LES CHEVALIERS D'INDUSTRIE.

Bohémiens de Paris. — Les annonces et réclames. — Carottes. — Les faiseurs d'af-

faires. – Les amis. — Flibustiers parisiens. — Mésaventures de M. Gogo. – Philanthropes du jour. — Robert-Macaire.

LES BAS-BLEUS.

Boursicotières. — Divorceuses. — Femmes socialistes.

ENFANTS.

Professeurs et moutards. — Les papas.

PARIS.

Les bons Parisiens. — Croquis de Bourse. — Parisiens en 1848. — Paris l'hiver. — Public au Salon. — Musiciens de Paris. — Portiers de Paris. — Messieurs les bouchers. — Types parisiens.

INVENTEURS.

Les chemins de fer. — Les hippophages. — Pisciculture. — Exposition universelle.

— *Sociéte d'acclimatation.* — *Trains de plaisir.*

VILLÉGIATURE.

Pastorales. — *Pêche.* — *Plaisirs de la chasse.* — *Plaisirs de la campagne.* — *Plaisirs de la villégiature.* — *Raisins malades.*

THÉATRE.

Histoire ancienne. — *Physionomies tragico-classiques.* — *Tragédie.* — *Physionomies tragiques.* — *Croquis de théâtre.*

ARTISTES.

Salons divers. — *Scènes d'ateliers.*

L'avenir ne consulte pas toujours les historiens proprement dits. Un roman de Balzac, une scène d'Henry Monnier, les feuilles éparses d'un Daumier sont des notes importantes qui entrent dans le dossier d'un règne : ce sont les dépositions de ce dernier témoin que j'ai consultées patiemment, plus préoccupé d'art que de politique, attiré par un robuste crayon, cherchant les raisons cachées qui faisaient agir ce crayon.

Denys, tyran de Syracuse, ayant manifesté son désir de connaître les lois et les mœurs des Athéniens, Platon lui envoya les comédies d'Aristophane.

Qui veut se rendre compte aujourd'hui de l'époque de Louis-Philippe doit consulter l'œuvre de Daumier.

IV

Il a été plus parlé de l'artiste jusqu'ici que de l'homme. C'est qu'à vrai dire la vie de Daumier fut toute d'intérieur. L'artiste ne laissera pas de longs récits de voyage, et il n'est pas de ces êtres prétentieux qui expliquent leur conception, l'analysent, la traînent dans les journaux et en font au besoin une profession de foi.

La biographie de Daumier gît dans son œuvre. Tout est pensée et méditation chez de tels hommes qui regardent passer la foule, étudient les passions et les vices d'après les traces qu'ils laissent sur le masque, et dont la préoccupation est de ne pas se faire remarquer des masses.

Qui voudra se rendre compte de l'extérieur de l'homme le trouvera à certaines pages de son œuvre, où il a donné de vagues croquis de sa personne, bonhomie, insouciance, sans-façon, nez au vent ; mais ce qu'il n'a pas rendu, c'est son regard fin, des yeux pénétrants inspirant si peu de défiance que Daumier put quelquefois passer la nuit dans un poste de gardes nationaux, sans que ceux-ci se doutassent de la présence d'un si dangereux compagnon.

Les physiologistes qui s'occupent des questions d'hérédité ne trouveront sans doute pas inopportun le détail relatif au père de Daumier, tiré de la biographie en tête de ses œuvres : « Un goût prononcé pour la solitude et la méditation le tenait constamment éloigné de la société bruyante de ses compagnons de travail ». De ce côté le caricaturiste tint de son père, et ces solitudes et ces méditations contribuèrent puissamment à l'heureuse fécondité du maître.

La physionomie de ces artistes montre des esprits réfléchis et penseurs. Leur main est fougueuse, leur masque en apparence tranquille. Non pas que la flamme morale n'ait laissé de traces extérieures; mais l'observation profonde qu'ils portent à toute chose prend le dessus et éteint momentanément les fougues qui ne surgissent que le pinceau à la main.

Daumier et Goya ne se ressemblent pas seulement par la flamme intérieure ; je suis frappé par certaines analogies physionomiques. Une apparence bourgeoise au premier aspect, de petits yeux interrogateurs et surtout une lèvre supérieure d'une longueur particulière chez les deux maîtres. Ce détail, on le trouve nettement accusé dans le portrait de Goya, gravé par lui-même en tête des *Caprices ;* les artistes qui ont dessiné la figure de Daumier n'ont pas assez indiqué ce trait caractéristique si remarquable chez Talleyrand, un politique qui se connaissait en hommes.

Le nom de Goya ne se trouve pas sous ma plume sans motifs. Il existe de secrètes analogies entre l'Espagnol et le Marseillais : même flamme intérieure, même ardeur politique, même improvisation.

Quel que soit l'outil que tiennent ces artistes, crayon, pointe ou pinceau, la main peut à peine en modérer l'impatience. La sensation est si vive chez de tels hommes qu'elle se répand en traits vraiment romantiques.

Le contour linéaire, ces natures fiévreuses l'indiquent par des lignes passionnées, et les enthousiastes peuvent seuls comprendre les flammes brûlantes qui, dévorant toute règle, se créent des sillons nouveaux où l'art trouve son compte.

Alors qu'il demeurait dans l'île Saint-Louis où il habita longtemps, Daumier, heureux d'échapper au travail journalier, grimpait souvent à la plate-forme de la maison. Là, sur le quai d'Anjou, au plein cœur du vieux Paris, se déroulent les rives de la Seine ; en face sont étagées à l'horizon les hauteurs arides de Montmartre et les sombres verdures du cimetière du Père-Lachaise, paysages parisiens dont le maître s'est servi volontiers pour fond de ses compositions.

Un arbre chétif sur le pli d'une colline, de pâles maisons entassées, un ruban contourné de cette Seine que Mme Deshoulières a chantée dans un joli vers; sur un coteau éloigné, une petite masure que le caricaturiste a peut-être rêvé d'habiter loin des misères de la ville, tels sont les motifs favoris qui ont permis à l'artiste d'introduire l'air, la lumière et le soleil dans quelques-unes de ses compositions; mais ce sont des cas peu fréquents dans une œuvre considérable où l'homme est plus particulièrement représenté dans sa boîte de plâtre, livré à mille ridicules d'intérieur.

Cependant la nature, Daumier l'a vue avec le respect, la tendresse que lui a inspirée de tout temps la République, et s'il n'a pas tenu un crayon pour le plaisir des esprits dits poétiques, un sentiment de tendresse ne se dégage pas moins, par échappées, de son œuvre.

Mais le sens viril de l'humanité, la perception de ses misères, lorsqu'ils sont joints à une interprétation robuste, plaisent médiocrement aux hommes.

C'est une des raisons pour lesquelles l'artiste a été longtemps méconnu. Peu d'hypocrisies et de vices échappant à l'œil pénétrant d'un satirique pendant une période si longue, toutes les vanités blessées font corps et forment une vaste conspiration du silence que seul renverse le temps.

Honoré Daumier eut tout droit à la rancune d'une époque marquée des terribles initiales **H. D.** qui entraient si profondément dans les chairs.

Il existe un livre bien connu, l'*Histoire de dix ans*. A ce livre je préfère l'histoire de quarante ans crayonnée par le maître avec toute la flamme contenue d'un grand cœur froissé par les bassesses de la civilisation ; c'est pourquoi la bourgeoisie, se reconnaissant dans un tel miroir, fit de vifs efforts pour le cacher et l'empêcher de refléter son image, quoique chaque trait témoignât du génie du peintre.

Ce titre d'homme de génie, prodigué si souvent, Daumier est un des rares artistes satiriques qui ait le droit de le porter. Il a résumé en lui les forces comiques des nombreux caricaturistes qui l'avaient précédé, et il a apporté dans l'exercice de son art un sentiment de la couleur qui fait de chacun de ses croquis une œuvre puissante.

Daumier fut nourri de la moelle de Michel-Ange, de Rubens, de Jordaens, tous les maîtres puissants qui n'ont pas craint d'envisager l'homme sous ses apparences robustes. C'est leur force qui a fait sa force. Leurs compositions ont laissé des traces dans ses groupes, et le secret de leur couleur a passé souvent dans des sujets jetés à la curiosité d'habitués de cafés, intéressés à deviner le *rébus*, sans se douter qu'à côté, un viril crayon laissait à chaque coup son empreinte.

Le comique ainsi fortifié arrive à une puissance particulière dont sont étonnés les amis du grotesque vulgaire, car l'art convaincu, qui plane au-dessus d'idées plaisantes, cause une sorte d'effroi aux êtres superficiels par la gravité que l'auteur apporte à son œuvre. Ils sentent qu'il y a là-dessous quelque croyance qui leur échappe ; leur légèreté habituelle, leurs admirations pour l'anecdote du jour, leur sympathie pour la raillerie sans convictions, sont en désaccord avec des allures magistrales qu'ils ne soupçonnaient pas faire partie du domaine de la caricature.

Ces gens aiment les vulgarités coloriées des devantures de chapeliers ; l'idée les frappe surtout dans le grotesque; aussi tout manteau sérieux qui recouvre une idée satirique est-il troublant pour les natures d'une éducation esthétique incomplète. C'est ce qui a empêché la popularité de Daumier, et c'est pourtant ce qui le rend réellement digne d'être compté au nombre des plus grands artistes contemporains.

A la mort d'Eugène Delacroix, on trouva dans un carton des croquis du maître, d'après *les Baigneurs* de Daumier.

Les yeux de Delacroix, dans leur soif d'études et d'observations, ne pouvaient assez se rassasier de lignes vivantes, de mouvements réels.

L'accentuation robuste des moindres croquis de Daumier enthousiasmait Delacroix, comme un cavalier qui, monté sur un élégant cheval arabe, s'arrête tout à coup pour admirer un cheval de brasseur.

Daumier laissera un jour une réputation du même ordre que celle du Pujet, son compatriote.

Son œuvre considérable demande à être feuilletée consciencieusement; mais ceux qui voudront bien oublier les improvisations forcées, les travaux à jours fixes, la représentation des événements de l'après-midi et même les vulgarités, ceux-là trouveront dans l'œuvre de Daumier une sérénité et une rare puissance, l'amour de la famille, de la santé, la reproduction par le comique des laideurs de la civilisation, et, avec une conscience politique vibrante, un vif enthousiasme pour la liberté.

Combien de caricaturistes mesquins font penser aux aboiements des roquets!

C'est ce titre de caricaturiste qui lui appartenait si peu, qui jusqu'alors a empêché Daumier d'être reconnu grand. Il avait la fécondité ainsi que tous les hommes doués exceptionnellement. On feignit de ne pas remarquer quelle richesse de tempérament se cachait sous ce gros rire.

D'où, la mélancolie des railleurs de l'humanité. Ils sentent en eux l'instinct du beau, sans pouvoir échapper à la mission qui les pousse à châtier les misères de la civilisation.

Le public reconnaît ces belles qualités plus tard, trop tard!

Alors sont étudiées les facultés de l'homme, et les esprits en avant font toucher du doigt sur ces feuilles semées avec tant de profusion, les vibrations d'une âme délicate blessée par le spectacle des *satisfaits* et des *ventrus*.

Alors les générations suivantes constatent que dans un coin se tenait à l'écart une nature honnête, qui étudiait les vices des hommes de son temps et les traduisait par des masques puissants comme ceux du théâtre antique.

V

Après un long repos, Daumier était rentré au journal dont il avait fait la fortune. Ce jour-là, ses anciens compagnons de jeunesse fêtèrent son retour par un banquet auquel accoururent écrivains et artistes, peintres et statuaires, poëtes et critiques. Tous les esprits indépendants étaient là, les camarades des premiers jours, ceux qui vivent solitaires au fond de l'atelier et ceux qui rêvent méditatifs en face de la nature, ceux qui fuient les salons et ceux qui ne reconnaissent que le public pour maître, ceux qui aiment les qualités morales du vaillant satirique et ceux qu'attire sa modestie.

Corot, Barye, Théodore Rousseau, Daubigny, alors vivants, étaient là, en qualité d'artistes qui ne relèvent que d'eux-mêmes, qui obéissent à leurs sensations, qui ne s'inquiètent pas du goût du jour, natures indépendantes qui s'imposent et à qui rien d'officiel n'impose, principaux représentants de l'art de ville, qui seul a chance de durée, quand tant de médiocrités sont récompensées de leur vivant par la fortune et les honneurs, des concessions auxquelles ils ont condamné leurs pinceaux.

L'art de cour, c'était une bonne leçon pour la jeunesse qui se pressait autour du maître, pour agiter ses drapeaux, brillanter ses étoffes, modeler de fades sourires de courtisan : élégances superficielles qui passent avec l'homme ; mais l'art de ville sérieux jusque dans la raillerie, l'art qui ne reconnaît ni commandes ni commandeurs, cet art naïf et simple dans ses grandeurs, tel est celui qui faisait qu'autour du maître s'étaient réunis des hommes animés d'un même sentiment pour lui offrir un banquet comme n'en connaissent guère les plus célèbres.

Les fils suivent aujourd'hui l'exemple de leurs pères. Les anciens amis contemporains de Daumier ont organisé cette exposition en l'honneur du maître ; ils ont fait appel à ses admirateurs, à ceux qui comprennent l'intérêt qu'excite une telle vie si bien remplie par le travail. Ils ont voulu montrer l'artiste avec ses multiples aspirations de satirique, de peintre, de sculpteur.

Cette œuvre, exposée aux yeux de tous, n'a pas besoin d'être analysée plus longuement.

De son ensemble se dégage ce que Thomas Carlyle dit de l'auteur d'*Hamlet :*

« On trouve dans Shakespeare des colères fougueuses, des paroles qui percent et qui brûlent; mais nulle part la mesure ne déborde; il n'est pas de ceux dont Johnson aurait pu dire : « Au moins il excelle dans la haine ». Mais il répand les éclats de rire comme le ciel une averse. On s'imagine qu'on l'entend rire et rire à gorge déployée. Il ne raille pas la faiblesse, le malheur, la misère; jamais! Aucun homme capable de rire, ce qu'on appelle rire, ne se moquera de ces choses-là. Pour les railler, il ne se trouvera que de tristes natures qui cherchent à se faire une réputation d'esprit. Le rire sous-entend la sympathie. »

CHAMPFLEURY.

PEINTURES

Numéros.		Haut.	Larg.
1. —	Le lutrin.	17	21
	Appartient à M. le Dr A. Thévenot.		
2. —	La lecture.	33	41
	Appartient à M. J. Duz.		
3. —	Un peintre dans son atelier.	41	32
	Appartient à M. J. Duz.		
4. —	Don Quichotte dans la montagne.	39	32
	Appartient à M. P. A.		

Numéros.		Haut.	Larg.
5. — Une parade de saltimbanques.		27	35
	Appartient à M. P. A.		
6. — Une tête de médecin de Molière.		23	17
	Appartient à M. P. A.		
7. — Amateurs d'estampes.		33	24
	Appartient à M. Lemaire.		
8. — Don Quichotte.		34	26
	Appartient à M. Lemaire.		
9. — Deux buveurs.		21	27
	Appartient à M. Lemaire.		
10. — Un déjeuner à la campagne.		34	26
	Appartient à M. Lemaire.		
11. — Une ronde.		27	22
	Appartient à M. Lemaire.		

Numéros.	Haut.	Larg.
12. — Amateurs de peinture. Appartient à Mme Bureau.	23	31
13. — Don Quichotte et Sancho Pança. Appartient à Mme Bureau.	56	84
14. — Amateurs de gravures. Appartient à M. Béguin.	31	40
15. — Joueurs de cartes. Appartient à M. Béguin.	26	33
16. — Musiciens ambulants. Appartient à M. Béguin.	25	31
17. — Le coup de vent. Appartient à M. Béguin.	16	31
18. — Chanteurs Appartient à M. Latouche.	50	61

Numéros.	Haut.	Larg.
19. — Le tireur de bateau. Appartient à M. Lavoignat.	20	28
20. — Têtes (esquisse) Appartient à M. Latouche.	12	21
21. — Un lecteur. Appartient à M. Lavoignat.	21	16
22. — Un homme et son enfant. Appartient à M. Lavoignat.	37	28
23. — Enfants sous des arbres. Appartient à M. Lavoignat.	30	19
24. — Tête d'étude. Appartient à M. J. Dupré.	35	27
25. — Un avocat plaidant. Appartient à M. J. Dupré.	22	27
26. — Un avocat sortant du palais. Appartient à M. J. Dupré.	28	22

Numéros		Haut.	Larg.
27. —	L'ancienne Comédie française.	39	68
	Appartient à M. Stumpf.		
28. —	Les avocats.	14	13
	Appartient à M. Guyotin.		
29. —	Le dessinateur.	14	13
	Appartient à M. Guyotin.		
30. —	L'artiste.	41	33
	Appartient à M. David.		
31. —	Scène du *Malade imaginaire*.	27	35
	Appartient à M. A. S.		
32. —	Une partie de dames.	27	34
	Appartient à M. A. S.		
33. —	Course au bord de la mer.	20	15
	Appartient à M. Michel Pascal.		
34. —	L'amateur d'estampes.	40	22
	Appartient à M. le Comte Doria.		

Numéros.	Haut.	Larg.
35. — Tête de Pasquin.	22	17
Appartient à M. le Comte Doria.		
36. — Le premier bain.	25	32
Appartient à M. le Comte Doria.		
37. — Sortie du bateau à lessive.	50	33
Appartient à M. Geoffroy-Dechaume.		
38. — Les voleurs et l'âne.	60	56
Appartient à M. Geoffroy-Dechaume.		
39. — Avocats.	33	41
Appartient à M. Geoffroy-Dechaume.		
40. — Un peintre.	29	19
Appartient à M. Geoffroy-Dechaume.		
41. — Un boucher.	21	28
Appartient à M. Geoffroy-Dechaume.		
42. — Au théâtre.	98	90
Appartient à M. H. Daumier.		

Numéros.	Haut.	Larg.
43. — Un homme portant de l'eau. Appartient à M. Rouart.	26	16
44. — Amateurs d'estampes. Appartient à M. Rouart.	30	25
45. — Têtes. Appartient à M. Dacier.	19	25
46. — Réunion d'avocats. Appartient à M. Van der Hoewen.	18	22
47. — Deux têtes. Appartient à M. Diot.	16	21
48. — Don Quichotte. Appartient à Mme Daubigny.	25	46
49. — Les buveurs. Appartient à Mme Daubigny.	37	28
50. — Trois avocats. Appartient à Mme Daubigny.	25	32

Numéros.	Haut.	Larg.
51. — Petits enfants. Appartient à Mme Daubigny.	33	25
52. — Une loge de théâtre. Appartient à Mme Daubigny.	25	31
53. — Émigration. Appartient à Mme Daubigny.	40	69
54. — Les deux avocats. Appartient à Mme Daubigny.	34	26
55. — Le lutteur. Appartient à Mme Daubigny.	42	27
56. — Le chanteur. Appartient à Mme Daubigny.	35	26
57. — Le lecteur. Appartient à Mme Daubigny.	34	24
58. — Une foule. Appartient à Mme Daubigny.	91	72

Numéros	Haut.	Larg.
59. — Scapin. Appartient à Mme Daubigny.	60	82
60. — Passants dans une rue de Paris. Appartient à M. F. Martin.	12	17
61. — Départ pour l'école. Appartient à M. D.	27	21
62. — Un wagon de 3e classe, Appartient à M. Brame.	67	93
63. — Conversation. Appartient à M. Tabourier.	26	34
64. — Un fauteuil d'orchestre. Appartient à M. Verdier.	26	35
65. — Une fuite. Appartient à Mme Bernard-Léon.	16	29
66. — Amateurs. Appartient à Mme Bernard-Léon.	25	33

Numéros		Haut.	Larg
67. —	Don Quichotte et Sancho.	41	33
	Appartient à M. Dollfus.		
68. —	Scapin.	13	15
	Appartient à M. Stahl.		
69. —	Prisonniers.	20	32
	Appartient à M. Boulard.		
70. —	Un wagon de 3e classe.	26	34
	Appartient à M. Pelpel.		
71. —	Les enfants au bain.	25	32
	Appartient à M. Wan der Hoewen.		
72. —	Dénicheurs de nids.	22	32
	Appartient à M. L. Sperck.		
73. —	Au bord de l'eau.	33	24
	Appartient à M. Durand-Ruel.		
74. —	Concours de 1848. Esquisse de la République.	72	59
	Appartient à M. H. Daumier.		

Numéros	Haut.	Larg.
75. — Galerie de tableaux.	40	33
Appartient à M. H. Daumier.		
76. — Au bord de la rivière.	33	41
Appartient à M. H. Daumier.		
77. — L'abreuvoir.	38	25
Appartient à M. H. Daumier.		
78. — Une rue dans Paris.	28	22
Appartient à M. H. Daumier.		
79. — Paillasse.	32	25
Appartient à M. H. Daumier.		
80. — A l'abreuvoir.	29	37
Appartient à M. H. Daumier.		
81. — A l'abreuvoir.	45	55
Appartient à M. H. Daumier.		
82. — Un étalage.	46	56
Appartient à M. H. Daumier.		

Numéros	Haut.	Larg.
83. — Un scapin. Appartient à M. H. Daumier.	33	26
84. — Un scapin. Appartient à M. H. Daumier.	33	24
85. — Sortie de l'Ecole. Appartient à M. H. Daumier.	40	33
86. — Une rue dans Paris. Appartient à M. H. Daumier.	27	21
87. — Une rue dans Paris. Appartient à M. H. Daumier.	28	18
88. — Don Quichotte et Sancho. Appartient à M. Nadar.	25	31
89. — Les baigneurs. Appartient à M. H. Daumier.	25	32
90. — Les buveurs de bière. Appartient à M. Ch. Salomon.	27	33

Numéros	Haut.	Larg.
91. — Baigneurs.	33	25
Appartient à M. Pillet.		
92 — Les laveuses.	82	59
Appartient à M. H. Daumier.		
93 — La leçon de peinture.	26	33
Appartient à M Dollfus.		
94 — L'étalage.	30	23
Appartient à Mme Chamouillet.		

DESSINS

Numéros	Haut.	Larg.
95 — Saltimbanques (aquarelle).	32	24
Appartient à M. Barre.		
96 — Fumeurs dans un café.	19	25
Appartient à M. Ch Laségue.		
97 — Le Tribunal.	16	33
Appartient à M. J. Duz.		
98 — Croquis.	25	34
Appartient à M. Ph. Burty.		

Numéros		Haut.	Larg.
99	— Huit croquis divers. (Sous passe-partout). Appartient à M. Ph. Burty.		
100	— Un avocat (aquarelle). Appartient à M. P. A.	38	27
101	— Un atelier de peintre. Appartient à M. P. A.	30	43
102	— Un hercule et un pierrot dans les coulisses. Appartient à M. P. A.	32	25
103	— La séance à huis clos. Appartient à M. P. A.	21	34
104	— La parade (dessin rehaussé de couleurs.) Appartient à M. Montrosier.	43	32
105	— Avocats plaidants. Appartient à M. Lemaire.	19	29

Numéros		Haut.	Larg
106 —	Un peintre. Appartient à Mme Bureau.	20	18
107 —	Les trois commères. Appartient à Mme Bureau.	18	25
108 —	Scène de ménage. Appartient à Mme Bureau.	25	20
109 —	Avocat lisant devant le tribunal. Appartient à Mme Bureau.	21	28
110 —	Une annonce de saltimbanques. Appartient à Mme Bureau.	26	37
111 —	Un boucher. Appartient à Mme Bureau.	27	20
112 —	Le marché. Appartient à Mme Bureau.	25	18
113 —	Les amateurs de peinture. Appartient à Mme Bureau.	25	18

Numéros		Haut.	Larg.
114	— Un fumeur allumant sa pipe. Appartient à Mme Bureau.	27	20
115	— Un médecin et son malade. Appartient à Mme Bureau.	29	24
116	— Deux avocats. Appartient à Mme Bureau.	32	26
117	— Une salle d'attente. Appartient à Mme Bureau.	29	22
118	— En contemplation. Appartient à Mme Bureau.	19	27
119	— Deux avocats. Appartient à Mme Bureau.	26	21
120	— Un avocat. Appartient à Mme Bureau.	20	14
121	— Un paillasse. Appartient à Mme Bureau.	37	26

Numéros		Haut.	Larg.
122	— Une grand'maman. Appartient à Mme Bureau.	22	27
123	— Deux femmes et un enfant. Appartient à Mme Bureau.	21	18
124	— Consultation. Appartient à M. H.Daumier.	17	22
125	— Omnibus. Appartient à M. H. Daumier.	22	32
126	— L'artiste. Appartient à M. J. Dupré.	38	29
127	— Paillasses. Appartient à M. H. Daumier.	36	27
128	— Le marché. Appartient à M. H. Daumier.	37	30
129	— Tête d'étude. Appartient à M. H. Daumier.	31	27

Numéros		Haut.	Larg.
130	— Don Quichotte et Sancho. Appartient à M. H. Daumier.	24	37
131	— Une mère et son enfant. Appartient à M. H. Daumier.	30	28
132	— Paillasses. Appartient à M. H. Daumier.	40	33
133	— Omnibus. Appartient à M. H. Daumier.	18	28
134	— Saltimbanques Appartient à M. H. Daumier.	32	39
135	— Une parade (croquis). Appartient à M. H. Daumier.	39	34
136	— A l'Hôtel des ventes. Appartient à M. H. Daumier.	41	34
137	— Entr'acte. Appartient à M. H. Daumier.	27	35

Numéros	Haut.	Larg.
138 — Don Quichotte et Sancho. Appartient à Mme Bureau.	13	12
139 — Un avocat. Appartient à Mme Bureau.	18	20
140 — Don Quichotte et Sancho. Appartient à Mme Bureau.	15	22
141 — Deux buveurs. Appartient à Mme Bureau.	18	24
142 — Les buveurs. Appartient à M. Béguin.	23	26
143 — Les saltimbanques. Appartient à M. Béguin.	23	31
144 — A la cour d'assises. Appartient à M. Béguin.	20	27
145 — Don Quichotte. Appartient à M. Béguin.	14	27

Numéros		Haut.	Larg.
146 —	L'accusation. Appartient à M. Villeminot.	18	28
147 —	La défense. Appartient à M. Villeminot.	17	21
148 —	Trois amateurs devant la Revue nocturne de Raffet. Appartient à M. Giacomelli.	26	31
149 —	Un plaideur expliquant son affaire à son avocat. Appartient à M. Pelpel.	17	21
150 —	Avocats. Appartient à M. Jourde.	13	24
151 —	Apollon (aquarelle). Appartient à M. Lavoignat.	28	19
152 —	Minerve (aquarelle). Appartient à M. Lavoignat.	28	19

Numéros	Haut.	Larg.
153 — Un Monsieur. Appartient à M. Lavoignat.	20	26
154 — Un amateur. Appartient à M. J. Dupré.	44	35
155 — La parade. Appartient à M. J. Dupré.	30	40
156 — Les buveurs. Appartient à M. Somers.	23	30
157 — Le bonsoir. Appartient à M. Somers.	16	21
158 — Les honoraires de l'avocat. Appartient à M. Guyotin.		
159 — Le tribunal. Appartient à M. Guyotin.		
160 — Avocats (aquarelle). Appartient à M. David.		

Numéros	Haut.	Larg.
161 — Le liseur. Appartient à M. Ducasse.	17	19
162 — Départ par chemin de fer. Appartient à M. J. Fassin.	38	55
163 — Salle d'attente. Appartient à M. Steinheil.	22	16
164 — Joueurs de dominos. Appartient à Mme Carresse.	16	25
165 — Buveurs de bière. Appartient à M. le Comte Doria.	38	28
166 — Parade de saltimbanques. Appartient à M. le Comte Doria.	37	28
167 — Le forgeron. Appartient à M. Geoffroy-Dechaume.	35	25
168 — Avocats. Appartient à M. Geoffroy-Dechaume.	24	18

Numéros	Haut.	Larg.
169 — Avocats.	25	19
Appartient à M. Geoffroy-Dechaume.		
170 — Le boucher, (marché Montmartre.)	30	21
Appartient à M. Geoffroy Dechaume.		
171 — La chèvre.	35	29
Appartient à M. Diot.		
172 — Croquis.	20	9
Appartient à M. Latouche.		
173 — Deux croquis.	19	10
Appartient à M. Latouche.		
174 — Deux croquis.	15	8
Appartient à M. Latouche.		
175 — Un accusé.	22	8
Appartient à M. Latouche.		

Numéros		Haut.	Larg.
176 —	Femme portant son enfant. Appartient à M. Latouche.	22	17
177 —	Croquis. Appartient à M. Latouche.	32	16
178 —	Un dormeur. Appartient à M. Latouche.	22	19
179 —	Croquis. Appartient à M. Latouche.	10	21
180 —	Juges. Appartient à M. Latouche.	25	21
181 —	Deux croquis. Appartient à M Latouche.	17	9
182 —	Le plaidoyer. Appartient à M. Boulard	26	13
183 —	Intérieur d'un wagon de 3e classe. Appartient à M. Boulard.	20	31

Numéros	Haut.	Larg.
184 — L'entr'acte.	20	24
Appartient à M. Boulard.		
185 — Avant la lutte.	20	22
Appartient à M. Achille Arosa.		
186 — La plaidoirie.	18	23
Appartient à M. Achille Arosa.		
187 — Croquis.	11	16
Appartient à M. Diot.		
188 — Croquis.	12	22
Appartient à M. Diot.		
189 — Croquis.	9	16
Appartient à M. Diot.		
190 — Deux titis.	23	17
Appartient à M. Diot.		
191 — Croquis.	30	16
Appartient à M. Diot.		

Numéros		Haut.	Larg.
192	— Croquis.	14	18
	Appartient à M. Diot.		
193	— Croquis	30	23
	Appartient à M. Diot.		
194	— Croquis	26	20
	Appartient à M. Diot.		
195	— Deux avocats.	21	27
	Appartient à M. Collet.		
196	— La parade.	26	36
	Appartient à M. Alex. Dumas		
197	— Le Malade imaginaire.	24	32
	Appartient à M. Alex. Dumas.		
198	— Avant l'audience.	21	22
	Appartient à M. Henri Barre.		
199	— Buveurs.	25	35
	Appartient à M. Christophe.		

Numéros	Haut.	Larg.
200 — Une mère.	22	16
Appartient à Mme Bureau.		
201 — Les trois commères.	26	18
Appartient à M. Petit.		
202 — Croquis à la plume.	15	19
Appartient à M. Ch. Desouches.		
203 — Saltimbanques.	33	40
Appartient à M. Jonides (de Londres).		
204 — La gare.	28	34
Appartient à M. Jonides (de Londres).		
205 — Le portefeuille.	35	32
Appartient à M. Jonides (de Londres).		
206 — A l'audience.	25	22
Appartient à M. May.		
207 — Chanteurs des rues.	33	29
Appartient à M. Groiseilliez.		

Numéros	Haut.	Larg.
208 — Fauteuil d'orchestre. Appartient à M. Verdier.	27	37
209 — Le philosophe. Appartient à M. Verdier.	28	23
210 — Croquis de tête. Appartient à M. Verdier.	20	8
211 — Départ pour l'école. Appartient à M. Verdier.	28	23
212 — Croquis à la plume. Appartient à M. Verdier.	16	13
213 — Avocats. Appartient à M. Verdier.	22	17
214 — Mère de famille. Appartient à M. Verdier.	24	14
215 — Carrier de Belleuse — Portrait (fusain). Appartient à M. Carrier de Belleuse.	30	22

Numéros	Haut.	Larg.
216 — Un avocat et sa cliente. Appartient à M. Royer.	22	18
217 — Portrait de Mlle E. F. Appartient à M. Pascal.	20	15
218 — La conférence. Appartient à M. Haro.	17	23
219 — Un joueur de violon. Appartient à M. Léon Charly.	22	18
220 — Camille Desmoulins. Appartient à M. Gabriel Dupuis.	55	45
221 — Le bonjour de deux avocats. Appartient à M. Van der Hœwen.	13	19
222 — Don Quichotte. Appartient à M. Van der Hœwen.	14	27
223 — Amateur d'estampes. Appartient à M. L. Sporck.	19	24
224 — Lutteurs. Appartient à M. A. Bouvenne.	11	14

Numéros		Haut.	Larg.
225	— Une cause criminelle. Appartient à M. de Bériot.	39	33
226	— La mort et le médecin (croquis). Appartient à M. Barbedienne.	9	8
227	— Tête d'homme (croquis). Appartient à M. Barbedienne.	10	8
228	— Trois têtes d'homme (croquis). Appartient à M. Barbedienne.	12	20
229	— Croquis. Appartient à M. Martin.	11	17
230	— Croquis à la plume. Appartient à M. Lavoignat.	20	26
231	— Mère de famille Appartient à M. Groiseilliez.	24	18
232	— Amateurs à la Salle Drouot. Appartient à M. Groiseilliez.	10	12
233	— Un joueur de violon (aquarelle) Appartient à M. Berthelier.	27	18

DIVERS

---

234 — Fugitifs, esquisse en plâtre.

Appartient à M. Geoffroy-Dechaume.

235 — Fugitifs, esquisse en plâtre.

Appartient à M. Geoffroy-Dechaume.

236 — Têtes en terre coloriée.

Appartient à Mme Ve Philippon.

237 — Le déjeuner au Salon, dessin sur bois.

Appartient à M. A. Petit.

238 — La rue Transnonain (lithographie).

Appartient à M. Daubigny.

239 — Enfoncé Lafayette (lithographie).

Appartient à M. Daubigny.

240 — Ne vous y frottez pas (lithographie).

Appartient à M. Daubigny.

241 — Le ventre législatif (lithographie).

Appartient à M. Daubigny.

242 — Un passe-partout contenant six feuilles photographiques de 34 terres coloriées et deux portraits lithographiés.

Appartient à M. Geoffroy-Dechaume.

243 — La marcheuse, lithographie (épreuve rare).

Appartient à M. Dacier.

244 — Vingt-cinq passe-partout renfermant les œuvres lithographiées de H. Daumier. Le contenu de ces passe-partout est changé deux fois par semaine.

Paris. — Imp. Gauthier-Villars, 55, quai des Grands-Augustins.

Paris. — Imp. Gauthier-Villars, 55 quai des Grands-Augustins.

www.ingramcontent.com/pod-product-compliance
Ingram Content Group UK Ltd.
Pitfield, Milton Keynes, MK11 3LW, UK
UKHW022053170726
13837UKWH00002B/916